ENCORE
UN SCANDALE

(23, 24 ET 25 FÉVRIER — 15 MAI 1848).

PAR M. MARCHAL,

Auteur du *Livre de la Famille*, etc.

PARIS.

A LA LIBRAIRIE, 13, GALERIE D'ORLÉANS,

PALAIS-ROYAL.

1850.

Imp. de Madame de Lacombe, rue d'Enghien, 14.

ENCORE UN SCANDALE.

ENCORE UN SCANDALE.

I.

Encore un scandale ! encore un bon citoyen calomnié, et par qui ? Toujours par eux ! toujours par ces intrigants de la veille qui ont déshonoré, violenté et ruiné la France par leur incapacité et leur mauvaise foi.

La fange n'est maniée que par les mains impures.

J'ai vu M. Drevet à l'Hôtel-de-Ville ; j'ai eu occasion d'admirer sa belle conduite, et je viens lui rendre témoignage.

Je n'aurais pas pris la plume si un procès récent, que M. Drevet vient d'intenter à ses diffamateurs, n'avait éveillé sur cette affaire l'attention publique. Les tribunaux retentiront peut-être encore des manœuvres tortueuses, des gaspillages, pour ne pas dire plus, dont les hommes de sang ont fourni le dégoûtant scandale pendant leur passage au pouvoir !...

II.

Le 24 février, 1848, à onze heures et demie du matin, un brave citoyen, M. Drevet père, entrait à l'Hôtel-de-Ville au moment où M. de Rambuteau se retirait. M. Drevet était à la tête de deux cent cinquante citoyens venus là avec lui pour protéger l'Hôtel-de-Ville contre les pillards. Il organisa onze postes, tant à l'intérieur qu'à l'extérieur, pour la sûreté des archives, des caisses, du matériel. etc... Il fut assez heureux, aidé des citoyens Percepieds et de Machelier, pour sauver la vie à *cinquante-neuf* gardes municipaux que des forcenés de la veille et du lendemain voulaient massacrer.

Il organisa le service intérieur en collaboration de MM. Buffet et Hudry, chef du matériel.

L'Hôtel étant envahi par une populace frémissante, et le nouveau gouvernement, ces quelques hommes qui s'étaient nommés eux-mêmes et qui firent si mal les affaires de notre pauvre pays, étant débordé et ne pouvant délibérer, il fut nommé quatorze *délégués du peuple* pour représenter les douze arrondissements de Paris et les deux sections de la banlieue. M. Drevet père fut nommé, à l'unanimité, président de ces délégués.

Ces citoyens devaient : 1° assister aux délibérations du gouvernement provisoire ; 2° faire connaître au peuple le résultat de ces délibérations; 3° organiser le service des communications entre les citoyens et le gouvernement ; 4° nourrir les hommes préposés à la garde de l'Hotel-de-Ville ; 5° faire, autant que possible, reconnaître par les familles les cadavres des victimes de l'émeute ; 6° faire enterrer décemment ces cadavres.

C'était M. Drevet père qui avait poussé à la nomination de ces délégués, non dans une arrière-pensée révolutionnaire , au contraire, dans l'intérêt de l'ordre, pour empêcher le pillage. Quand le gouvernement provisoire qui s'était nommé lui-même, et avait cru devoir proclamer la République, s'avança vers l'Hôtel-de-Ville, il eut à fendre une foule en délire, surprise par ces événements inattendus, poussant des clameurs bruyantes. Dans ces heures de confusion et de fièvre, on vit un citoyen faire de l'ordre dans l'anarchie, organiser tout ce qui était possible, c'était M. Drevet père.

Voici la liste des délégués du peuple qui, au

nom de la foule et dans un intérêt de conservation, s'installèrent à l'Hôtel-de-Ville à côté du
gouvernement provisoire :

Drevet père, négociant, président ;
Bajot, employé ;
Delilliers, homme de lettres;
Roché, chimiste ;
Alphonse Drevet, artiste ;
Pichot, auteur dramatique ;
Emile Drevet, gaînier ;
Renoud, fabricant ,
Lenormand, homme de lettres ;
Penset, mécanicien ;
Delavarenne, étudiant ;
Legrand, médecin ;
Chantrelle, chef d'atelier, pour la Villette ;
Thomas, pharmacien, pour Vaugirard.
M. Drevet établit onze postes de volontaires :

1er poste, 20 hommes, corridor du colonel ;
2e — 19 — poste de la salle des morts;
3e — 18 — entrée principale ;
4e — 14 — poste des écuries ;
5e — 4 — poste de l'Ecurie (aile
                    gauche) ;
6e — 91 — grand poste ;

7°	—	19	— poste des Archives ;
8°	—	9	— poste du secrétariat [gé-néral ;
9°	—	7	— poste du gouv. prov. ;
10°	—	7	— poste de l'orangerie ;
11°	—	23	— poste de l'artillerie.

Cette organisation reposait sur le président des délégués du peuple ; maître de ces forces, il aurait pu en abuser ; il aurait pu abuser de l'influence que sa vieille réputation d'intelligence et de probité lui avait acquise ; mais, loin de là, il usa de son autorité pour maintenir l'ordre. Les services qu'il rendit pendant ces journées et ces nuits pleines de périls et d'orages sont incalculables. Il faut juger du bien qu'il fit par la toutepuissance dont il était revêtu. Cette autorité, qui lui fut contestée plus tard, après le danger, était cependant bien réelle. Entre mille preuves, en voici une : C'est à lui que, pour avoir le mot d'ordre, s'adressa Caussidière, le *tueur*, comme on l'appelait le terrible émeutier, dont on avait fait un magistrat, parce qu'il fallait sans doute que la capitale de la France fût, pour inaugurer cette République, représentée par ce qu'il y avait de plus immonde, de plus commun, et de plus vil, des faussaires, des marchands de luxure, par

1,

exemple, la lie de tous les bouges, les héros des lupanars.

M. Drevet avait reçu les lignes suivantes, signées par les deux grands émeutiers :

« A M. Drevet père, président des délégués du peuple et gouverneur de l'Hôtel-de-Ville.

» Citoyen ,

» Nous n'avons encore reçu aucun mot d'ordre » du gouvernement provisoire ; il est urgent qu'il » nous soit transmis immédiatement pour éviter » des conflits.

» Les délégués du gouvernement provisoire à « la préfecture de police.

« Signé :

» C_AUSSIDIÈRE.

» SOBRIER.

Cependant plusieurs agitateurs de la veille, qui furent aussi les agitateurs du lendemain, et contre le suffrage universel par eux naguère tant demandé, plusieurs de ces émeutiers enviaient la dictature exercée par M. Drevet père. Parmi eux, le plus célèbre par son intrépidité sur les barricades, se faisait remarquer le citoyen Lagrange, ce don Quichotte de la Montagne, dont la silhouette fantastique fait la joie, toute la joie des caricaturistes.

Ce grand homme se nomma *général*, puis *chef du peuple* et gouverneur de l'Hôtel-de-Ville ; c'est peu! Les membres du nouveau gouvernement n'osèrent pas, pauvres usurpateurs, s'opposer à cette audacieuse usurpation.

M. Drevet père, qui ne tenait pas autant que messieurs les conspirateurs de la veille aux titres et aux honneurs, M. Drevet, qui n'était venu là que pour faire de l'ordre et non pas possédé d'une soif ardente de domination, céda volontiers la première place au délicieux Lagrange : le bel homme ! le bien bel homme ! morbleu, le bel homme !

M. Drevet continua à présider les délégués du peuple et à faire le service de l'Hôtel-de-Ville pendant treize jours avec ses deux cent cinquante volontaires. Tout passait par les mains de M. Drevet, tout, jusqu'aux détails de matériel et de nourriture. Il justifie de ces fonctions par plusieurs témoignages, et, entre autres, par une lettre que lui écrivit le *secrétaire général du gouvernement provisoire*, un bottier, ou un tailleur, ou encore un portier, pauvre hère sans éducation qui avait quitté le tranchet, la loge ou l'établi pour exercer de hautes fonctions publiques au nom de la *Sainte Egalité*. Merci ; bien obligé de cette égalité stupide, inique et monstrueuse qui permet qu'on envoie des menuisiers, des maçons et bien pis que cela, à là Chambre !

Qu'on ne voie pas dans ces lignes le moindre mépris pour la classe respectable des ouvriers : j'honore infiniment le travail, quoique je ne demande pas son organisation à coups de fusil, mais je dis qu'il faut que chacun reste à sa place, et je dis que les cordonniers doivent faire des souliers et sont incapables de faire des lois ; je dis que les vrais amis du peuple doivent le préserver de cet orgueil féroce et bête ;

Je dis que le rude et savant métier de diplomate et de législateur ne s'improvise pas ;

Je dis qu'il y a des ouvriers qui ont tort de faire de mauvais vers, quand ils pourraient faire de bonnes chaussures ou d'excellents vêtements ;

Je dis que quiconque au pied d'une porte tirera ort agréablement le cordon, sera incapable de gouverner le pays ;

Je dis enfin, avec le proverbe, que si chacun reste à sa place, les vaches seront bien gardées.

III.

Le *premier secrétaire du gouvernement provisoire*
ne savait pas l'orthographe ; mais il avait fait à
M. Marié, — l'homme de l'Yonne, au marquis
Marrast, et à l'ineffable baron Pagnerre, mar-
chand d'almanachs, des bottes d'une grande dis-
tinction. — Il paraît que c'était un beau travail
que ces bottes ! Cela lui avait valu l'honneur in-
signe d'écrire sous la dictée des superbes nullités
qui s'étaient imposées à la France.

Voici de son style et de son orthographe.

AU CITOYEN DREVET PÈRE.

« Citoyen ,

» Envoyez-nous une *volaile quelconque* pour
» déjeûner, s'il y a quelques mets *apétisant*, en-
», voyez-les nous.

» Signé : J.-J. GARCHER,

» Secrétaire général. »

Voilà les êtres qui nous gouvernèrent. O honte !
ô douleur !... Exécrable honte ! douleur amère
de voir de pareilles gens au pouvoir !..

M. Drevet ne possédait pas de volailles pour le

moment ; les Messieurs provisoires (ah ! que ne le furent-ils davantage !) durent s'en passer ; — on leur envoya des gigots ; — ils daignèrent s'en contenter. A ce trait de dévouement patriotique et d'abnégation culinaire, je me sens ému jusqu'au plus profond de mon cœur. Ah ! que c'est beau ! — Braves citoyens, va !

IV.

M. Drevet avait rempli ces fonctions délicates avec un zèle et un patriotisme très-vifs et très-sincères, — fort désintéressés, — fait si rare dans l'histoire de cette dictature usurpée, qu'il mérite bien d'être constaté.

Dans ces jours critiques, il avait non seulement payé de sa personne, mais de sa bourse. Il a déboursé 830 fr. de son argent pour solder et nourrir pendant treize jours les soldats de l'ordre qu'il commandait. A la honte de la République, ces 830 fr. lui sont encore dus à cette heure. Espérons que le gouvernement actuel lui rendra justice en le remboursant, — justice que lui refusèrent les sybarites du *National*. Il a fourni de ses propres deniers aux besoins matériels de la préfecture de police, ainsi que l'atteste l'ordre suivant émané du *général* Lagrange :

« RÉPUBLIQUE FRANÇAISE, Liberté, etc.... (la réclame des murailles).

» Ordre au citoyen Drevet de fournir *immédiatement* aux besoins de la préfecture de police en fait de subsistances.

» Le gouverneur de l'Hôtel-de-Ville.

» Signé : CH. LAGRANGE. »

M. Drevet, que le *général* Lagrange avait voulu faire arrêter par jalousie, avait été délivré par ses volontaires qui avaient au contraire arrêté ce Lagrange. — M. Drevet l'avait fait relaxer, Lagrange, devenu fou, ayant promis d'être bien sage.

Je recommande fort aux électeurs d'examiner s'il a tenu parole.

V.

Cependant on avait été ingrat envers M. Drevet ; le zèle qu'il avait déployé dans ces circonstances difficiles avait été récompensé par les plus noires calomnies, — armes des lâches. Il se plai-

gnit hautement, appuyant ses allégations d'une
foule de pièces historiques, et, entre autres, de
quelques lignes de M. de Lamartine ainsi con-
çues :

» J'atteste *avec empressement* que, pendant les
» journées des 23, 24 et 25 février et jours sui-
» vants, M. Drevet père s'est constamment tenu
» à l'Hôtel-de-Ville à la disposition du gouver-
» nement provisoire pour accomplir *toutes les*
» *missions d'ordre* qui lui ont été données, et qu'il
» a fait preuve, dans ces journées, *de zèle, de ci-*
» *visme et de courage.*

» Signé : LAMARTINE. »

M. de Lamartine, il faut le croire, a trop la
fierté du génie pour faire acte de coupable com-
plaisance et pour prodiguer des attestations au
hasard.

Malgré cela, les nouveaux administrateurs de
l'Hôtel-de-Ville détestaient la probité et l'indé-
pendance de M. Drevet. Déjà, entre eux et lui,
une vive animosité régnait. M. Drevet était trop
honnête et trop franc pour ces gens-là.

M. Garnier-Pagès ayant voulu faire enterrer
les combattants de février comme des chiens, —

M. Drevet s'y opposa ; — le gouvernement provisoire céda ; M. Gannal fut appelé.

Cette conduite de Drevet ne fut pas oubliée par ses ennemis. Au 15 mai, un prétexte fut trouvé pour l'arrêter, comme complice du complot.

On connaît la fausse bonhomie, la perfide naïveté de certains hommes d'âge.

Il fut arrêté sur l'ordre du sieur Flottard, — une incapacité usée, — un homme vieux, mais nul, quoique vindicatif. Cet homme d'un aspect placide et dormant, doué d'une imperturbable satisfaction de lui-même, était moins doux qu'il n'en avait l'air.

Les sieurs Flottard et Beaumont diffamèrent et faillirent faire périr M. Drevet ; — de là le procès auquel nous avons assisté l'autre jour.

Incarcéré dans les cachots de la Conciergerie et de Vincennes sur l'ordre du sieur Flottard, homme d'un machiavélisme superlatif, M. Drevet père écrivit aux journaux la lettre suivante :

Au Rédacteur.

« Monsieur le rédacteur, je lis dans votre numéro du 25, les noms des prisonniers détenus à la Conciergerie. Je compte sur votre impartialité pour insérer la présente lettre dans votre *Journal de tous.*

» Le 15 mai, entre sept heures et demie et huit heures du soir, je fus à l'Hôtel-de-Ville pour m'enquérir du citoyen Lamartine. Deux gardes nationaux sur un ordre qui leur fut intimé par l'aide-de-camp du *colonel* Rey, s'emparèrent de ma personne. Je n'opposai aucune résistance. On fut sans doute prévenir les *citoyens* Flottard, secrétaire général de la mairie de Paris, et Beaumont, commandant en second de l'Hôtel-de-Ville, car ils arrivèrent aussitôt dans un état d'exaspération difficile à décrire; ils m'apostrophèrent grossièrement, enjoignirent aux citoyens qui me gardaient une surveillance toute particulière. Le *citoyen* Flottard leur donna en outre l'ordre de me *fusiller au moindre mouvement*, et le commandant Beaumont celui de me *f... leur baïonnette dans le ventre.*

» Ces injonctions furent réitérées à chaque visite que ces messieurs me rendirent. Des cartouches furent même remises au garde national Manoury (charron, demeurant rue Folie-Méricourt). Je fais appel à son patriotisme pour garantir la rigoureuse exactitude *des faits et des paroles;* M. Camille, garde national (demeurant rue de Crussol, 26 *bis*) peut également en attester la véracité. Quelques mots suffiront pour expliquer la vraisemblance de ces actes : les citoyens Flottard et Beaumont s'abandonnaient honteusement à une vieille rancune ; ils satisfaisaient leur haine sous le manteau de l'ordre public.

» J'ai été ensuite transféré à Vincennes, jeté dans un cachot par un homme portant le costume des gardes républicaines de l'Hôtel-de-Ville, et qu'il a été impossible de retrouver plus tard. Je n'ai dû qu'au hasard de parvenir à me faire entendre par le guichetier, qui ignorait complètement ma présence dans ce cachot où je suis resté douze heures. — Remarquez, je vous prie, que cet acte odieux eut lieu au mépris de l'ordre donné par le commissaire du gouvernement à Vincennes, de me mettre dans une chambre et de me fournir les objets nécessaires pour écrire. Ce sont là, Monsieur le rédacteur, les faits qui se passent sous le régime dit républicain.

» Mis en liberté après interrogatoires et par ordre de M. Haton, juge d'instruction, des menées sourdes m'ont fait incarcérer de nouveau. — Vous avez dit vrai, je suis à la Conciergerie. Comme il est impossible de me faire prendre une part active dans le mouvement du 15 mai, mon alibi étant établi d'une manière irréfragable, on m'a accusé de complot. Quant aux preuves, on ne s'en embarrasse guère. Eh ! n'a-t-on pas toujours le temps de rendre une ordonnance de non-lieu !

» Mon Dieu, oui ! les choses vont ainsi, a loi est telle : le mandat d'amener remplace fort bien les lettres de cachet ; c'est une des douceurs que notre civilisation a réservées à nos gouvernants, et je sais personnellement qu'on en use.

» J'étais candidat à l'Assemblée nationale, un certain nombre de mes concitoyens m'avaient honoré de leurs suffrages ; les prochaines élections sont fixées au 4 juin, et je suis à la Conciergerie ; il y a là une atteinte indirecte à la liberté électorale. Je signale ceci, non pour moi, mais comme précédent, comme une lacune législative ; car le mandat d'amener peut être un habile auxiliaire contre un candidat dont on voudrait se débarrasser. M. Pierre Leroux n'a dû sa liberté qu'aux actives démarches de ses amis.

» Recevez, Monsieur le rédacteur, l'assurance de ma considération,

« DREVET père,
» Président des délégués du peuple le 24 février.
» Conciergerie, le 28 mai 1848. »

VI.

Ce n'est pas tout: Le sieur Beaumont, ex-commandant en second de l'Hôtel-de-Ville, homme taré, fit la déposition suivante au procès du 15 mai:

« J'ai toujours regardé Bormes comme un mouchard, c'est-à-dire comme un homme qui servait tous les partis, et qui venait au milieu des républicains tenir des propos qui ne devaient pas se tenir.

» Bormes s'était installé dans le cabinet de M. Flottard; il écrivait à un sieur Drevet, qui était président des délégués et que nous considérions comme mouchard. »

De son côté, le sieur Flottard, qui a rempli les fonctions de *secrétaire général de la préfecture*, avait fait la déposition suivante :

« C'est dans le cabinet que j'occupais que s'était installé le prétendu gouvernement provisoire; c'est là que Bormes fils a écrit par lettres de convocation à de prétendus délégués du peuple; ces délégués étaient des personnes qui, les 24 et 25 février, s'étaient présentées spontanément au maire pour porter les dépêches dans les divers arrondissements ; ils avaient fait ce service pendant environ quinze jours et furent rétribués. Ils avaient pour président un nommé Drevet, et pour secrétaire un nommé Suau* de Varennes. Nous avons eu beaucoup de peine à en débarrasser l'Hôtel-de-Ville.

« J'ai fait arrêter Drevet père le 15 mai ; sa présence à l'Hôtel-de-Ville m'était suspecte. Je savais que le nom de Drevet était porté sur une liste de fonds secrets signée Duchâtel, pour 1844 et 1845, pour un service de 100 fr. par mois. Cet état m'avait été montré par M. Marrast, maire de Paris. »

Drevet père s'était empressé d'écrire aux journaux la lettre suivante :

« Monsieur le rédacteur,

« Je viens d'apprendre par votre compte-rendu de la séance du 12 mars, de la haute Cour de Bourges qu'un sieur Beaumont, ex-commandant de l'Hôtel-de-Ville, a déclaré dans sa déposition que j'étais un mouchard ; qu'en outre un sieur Flottard, ancien secrétaire général dela mairie de Paris, a, dans l'instruction du procès, fait des allégations de même nature.

« Ces allégations étant calomnieuses, et portant une atteinte grave à mon honneur, plainte a été aujourd'hui même portée par moi entre les mains de M. le procureur de la République, près le tribunal de première instance de la Seine.

« Mais cela, vous le comprendrez, n'est pas suffisant : les allégations des sieurs Beaumont et Flottard ayant été répandues dans le public, il m'importe de rendre publiques mes protestations, et de faire connaître le démenti que je donne à ces deux personnes ; c'est pourquoi je viens solliciter de votre bienveillance la publication de la présente dans le plus prochain numéro de votre journal.

« Veuillez agréer, monsieur, etc.

« DREVET »

M. Drevet père ne s'en tint pas là : il intenta un procès en diffamation aux sieurs Beaumont et Flottard.

Les sieurs Beaumont et Flottard ne se présentèrent pas d'abord, forts de cette raison mauvaise pour des gens qui auraient eu du cœur, que leur diffamation échappait aux rigueurs du Code pénal, parce qu'elle n'avait pas un caractère suffisamment public. Au point de vue de la loi, c'est vrai, mais au point de vue de la morale !.....

M. Drevet s'est défendu lui-même en ces termes :

« Je suis entré à l'Hôtel-de-ville le 24 février. Ayant été averti que quelques malfaiteurs s'étaient glissés dans nos rangs pour se livrer à des actes de pillage qu'auraient favorisé les premiers instants de tumulte, j'ai organisé onze postes dans l'Hôtel pour la garde et la conservation des caisses de la Ville, d'épargne, de Poissy et de l'octroi, des munitions de guerre et du matériel. Deux cent cinquante citoyens remplissaient ce service.

« Avec MM. Percepieds et Machelier, nous avons sauvé, en les faisant cacher dans les bureaux de la caisse d'épargne, cinquante-neuf gardes municipaux, les aidant ensuite à sortir de l'Hôtel.

« J'ai organisé le service intérieur avec MM. Buffet et Hudry, chefs du matériel.

« Quelques heures après, l'affluence des citoyens à l'Hôtel-de-Ville était telle que les membres du gouvernement provisoire se trouvaient presque dans l'impossibilité de poursuivre leur délibération ; alors les citoyens armés nommèrent quatorze délégués pour constituer une représentation

des douze arrondissements de Paris et des deux
sections de la banlieue. Ces délégués devaient: 1°
assister aux délibérations du gouvernement sans
y prendre part, et les faire connaître au peuple,
2° demander, au nom du peuple en armes, la
proclamation de la République ; 3° veiller à la sub-
sistance des citoyens qui concouraient au main-
tien de l'ordre. J'ai dans ces premiers instants, de
mes deniers, dépensé à cet effet 830 fr. Une partie
des appartements fut alors laissée libre au gouvernement. Dans la nuit, de nouveaux envahis-
sements furent cependant plusieurs fois près de
s'accomplir. M. de Lamartine, sur ma proposition,
vint chaque fois calmer les impatiences, les irrita-
tions populaires: il sait quel a été mon dévouement dans ces instants périlleux.

« M. de Lamartine ! oh ! oui, il faut que vous
sachiez, Messieurs, que M. de Lamartine seul et
toujours parmi les membres du gouvernement
provisoire, était prêt à tout ; il marchait en avant,
courait se placer au premier rang quand il y avait
un danger à conjurer. M. de Lamartine, à chaque heure, à chaque minute, était là, calmant par
sa parole divine la foule excitée. M. de Lamartine !
oh ! oui, c'est le sauveur de la patrie, de l'ordre;
et moi qui l'ai vu, qui ne le quittais pas, vous de-

vez comprendre que je suis d'un dévouement aveugle, passionné pour ce grand citoyen qui a été payé de tant d'ingratitude. M. de Lamartine! oh oui, je le vois encore enveloppé dans mon manteau que je lui avais prêté, et qui a été percé de mille coups, lacéré par des forêts de baïonnettes, de piques, de sabres, qui s'agitaient autour de cet homme étonnant.

«Telle était ma position à l'Hôtel-de-Ville, lorsque, dans la nuit du 25 au 26, une première altercation eut lieu entre M. Flottard et moi, au sujet d'un ordre adressé à un délégué, et signé Garnier Pagès, qui nous enjoignait de faire inhumer sans pompe et nuitamment, par les moyens que possèdent les hôpitaux, quatre-vingt-deux cadavres déposés dans la salle Saint-Jean.

« Délégué du peuple, je m'opposai à cette inhumation nocturne, attendu que ces citoyens méritainet bien quelque honneur funèbre; et qu'en outre, n'étan pas reconnus, les veuves et les orphelins qu'ils laissaient seraient privés des pensions que leur devait la République, et je donnai ordre aux citoyens préposés à la garde des morts de veiller à ce que nulle personne n'approchât des cadavres. M. Flottard, qui fût extrêmement irrité de cette résistance, échangea avec moi des paroles très vives et ne me pardonna pas.

« Cette résistance, et ma présence à l'Hôtel-de-Ville, devinrent pour lui un sujet d'irritatation nerveuse. Il prit à tâche d'élever des conflits entre moi et quelques citoyens, hôtes passagers de la mairie de Paris. Ce fut d'abord avec le citoyen Lagrange ; mais le dissentiment eut à peine le temps de naître qu'il était déjà dissipé. Rey succéda à Lagrange. Les menées de Flottard amenèrent les mêmes résultats. C'était une petite guerre sourde qui s'élevait souvent au sujet des attributions. La concorde qui régnait entre les citoyens gardiens de l'Hôtel-de-Ville et les délégués était le nœud qu'à tout prix il fallait rompre. On imagina de former une garde soldée. Le service qui s'était fait jusqu'alors bien et gratuitement par deux cent cinquante citoyens seulement, dévoués il est vrai à l'ordre, ce service dut être rétribué.

« Notre présence à l'Hôtel-de-Ville continuant à être un obstacle à l'ambition de quelques hommes, et par suite les dissentiments devenant plus fréquents, nous dûmes considérer notre mission comme remplie, et nous nous re-

tirâmes; mais deux hommes restaient profondé-
ment ulcérés de la résistance que j'avais opposée
à leur mauvaise vouloir, Flottard et Beaumont ;
leurs sentiments haineux éclatèrent au 15 mai.

« M'étant rendu à sept heures et demie du
soir à l'Hôtel-de-Ville, afin d'apprendre si rien
de fâcheux n'était arrivé à M. de Lamartine,
je fus arrêté. M. Flottard donna l'ordre aux gardes nationaux, entre les mains desquels il me
remit, de me fusiller, si j'opposais la moindre
résistance ou si quelques mouvements avaient
lieu au dehors, sans que rien autorisât de pareils ordres, car je n'ai opposé aucune résistance ; puis ce fut le tour du *citoyen* Beaumont,
qui vint recommander à ceux qui me gardaient
de me f..... leurs baïonnettes dans le ventre, au
moindre mouvement du dehors, le tout accom-
pagné d'injures débitées d'un ton fort violent,
quoique je gardasse le plus profond silence. J'eus
la précaution de prendre l'adresse des citoyens
sous la garde desquels je me trouvais. Ils pourraient donc au besoin affirmer la plus scrupuleuse
exactitude des détails ci-dessus donnés, et que
j'ai du reste fait publier dans le numéro de
la Presse du 29 mai 1848. Cette déclaration
m'aura sans doute valu la déposition que fit le

sieur Flottard, le 4 juillet, devant M. le juge d'instruction Bertrand. Il déclarait alors que le motif
qui le détermina à ordonner mon arrestation,
fut qu'il avait vu mon nom porté sur une liste
de fonds secrets pour 1844 et 1845 , signée
Duchâtel.

« Cette déposition se trouve rendue publique
par la publication des pièces de l'instruction sui-
vie relativement au 15 mai , remises aux juges,
jurés, accusés et avocats.

« Quant à Beaumont, il a déclaré à l'audience
du 12 , devant la haute Cour de Bourges, qu'il
me considérait comme un mouchard.

« Voilà , messieurs. On m'a diffamé , mais on
n'a apporté aucune preuve de la diffamation, qui
est dictée par un sentiment de basse ven-
geance. »

Le tribunal rendit le jugement suivant :

« En ce qui touche Flottard ,

« Attendu que sa déposition n'a eu aucune publicité ; qu'elle a été faite par Flottard devant le
juge d'instruction, et qu'elle n'a pas été réitérée
en audience publique ;

« Attendu, d'ailleurs, qu'elle n'a pas été spon-
tanée, mais faite par suite des interpellations

du magistrat ; qu'enfin elle n'a pas eu lieu dans l'intention de nuire ;

« En ce qui touche Beaumont,

« Attendu que , pour qu'il y ait ouverture à la demande formée par Drevet, il faudrait que les faits diffamatoires dont il se plaint fussent étrangers à la cause ;

« Attendu que dans sa déposition devant le juge d'instruction, Beaumont s'est abstenu de mentionner Drevet ; que si , devant la haute Cour de Bourges , il a été appelé à s'exprimer à l'égard de Drevet, cette explication a été donnée par lui sur des interpellations directes de M. le procureur-général, et en réponse à une demande se rattachant nécessairement aux faits dans lesquels Drevet s'était trouvé prendre place ; qu'ainsi la publicité de la déposition de Beaumont n'a été que l'interprétation d'un fait sur lequel il était judiciairement interpelé, et sans intention de nuire ;

« Par tous ces motifs, le tribunal déclare Drevet non recevable en sa demande et le condamne aux dépens. »

Si toutes les mauvaises actions commises pendant les premiers mois de la République étaient publiées et livrées aux tribunaux, que de tableaux cruellement vrais , que de détails d'une réalité révoltante !...

Ah ! quand ils sont tombés ces révolutionnaires incorrigibles, ces faux amis du peuple, ces ennemis de la liberté, quand ils sont tombés, ces hommes d'Etat déplorables, la France ne s'est nullement attendrie sur leur infortune. Elle avait assez pleuré et gémi sur la misère et les hontes qu'on lui avait si audacieusement imposées.

VI.

M. Drevet a perdu son procès dans la forme ; je suis certain qu'il l'a gagné dans la conscience de ses juges. Il l'a gagné bien certainement devant le pays.

Aussi bien aurait-il pu mépriser les attaques de pareils gens. Il est des calomniateurs dont la fureur est honorable pour ceux qui en sont l'objet.

Avoir , par exemple , pour adversaires ces hommes de sang , ceux qui prêchent incessamment la guerre civile , guerre féroce , acharnée , sauvage, guerre de concitoyens et de frères, c'est un honneur,

Leurs calomnies et leurs outrages nous gran-
dissent.

Mais, c'est assez s'occuper d'eux. Ils sont tombés et pour jamais dans la honte, dans l'op-
probre. Le Peuple , qu'ils ont trop longtemps
trompé, s'est retiré d'eux ; je parle du Peuple, de
la majorité, non de cette minorité factieuse et
sans principes , qui voudrait le retour de 93.

Le Peuple respecte les saintes choses, bases
éternelles et suprêmes de toute société humaine ;
la RELIGION , la FAMILLE , la PROPRIÉTÉ , la
LOI. Le grand parti national, le parti de l'ordre,
le parti honnête et modéré, a vaincu le parti de
la révolution, des barricades, du sang.

Pour nous , ce parti nous trouvera toujours
prêt à le servir de toutes nos forces ; le re-
mords de toute notre vie sera d'avoir un moment frayé les routes de la violence et de la révolution, mais nous nous efforçons d'expier ce
passé regrettable , par notre ardeur dans la
lutte sainte de la liberté, de la religion , de la
vraie fraternité contre le socialisme , — affreuse
doctrine d'oppression , dont le triomphe nous
rendrait le peuple le plus misérable de l'uni-
vers.

FIN.

CALENDRIER

1849

JANVIER 1849.

P. Q. le 2 à 7 h. m.
P. L. le 8 à 11 h. s.
D. Q. le 16 à 7 h. m.
N. L. le 24 à 10 h. m.
P. Q. le 31, à 4 h. s.

l. 1 LA CIRCONCIS.
m. 2 s. Basile, év.
m. 3 ste Geneviève.
j. 4 s. Rigobert.
v. 5 ste Amélie.
s. 6 L'EPIPHANIE.
D. 7 s. Théau, orf.
l. 8 s. Lucien, év.
m. 9 s. Furcy, ab.
m.10 s. Paul, erm.
j. 11 s. Théodose.
v. 12 s. Arcadius, m.
s. 13 Bapt. de N. S.
D.14 s. Hilaire, év.
l. 15 s. Maur, ab.
m.16 s. Guillaume.
m.17 s. Antoine, ab.
j. 18 Ch. s. P. à R.
v. 19 s. Sulpice.
s. 20 s. Sébastien.
D. 21 ste Agnès, v.m.
l. 22 s. Vincent.
m.23 st Ildefonse.
m.24 s. Babylas, év.
j. 25 Conv. s. Paul.
v. 26 ste Paule.
s. 27 s. Julien, év.
D. 28 s. Charlemag.
l. 29 s. Franç. de S.
m.30 ste Bathilde.
m.31 s. Pierre Nol.

FÉVRIER.

P. L. le 7, à 11 h. m.
D. Q. le 16, à 4 h. m.
N. L. le 23, à 1 h. m.

j. 1 s. Ignace.
v. 2 PURIFICATION.
s. 3 s. Blaise, év.
D. 4 Septuagésime
l. 5 ste Agathe.
m. 6 s. Vaast.
m. 7 s. Romuald.
j. 8 s. Jean de M.
v. 9 ste Apolline.
l. 10 ste Scholastiq.
D. 11 Sexagésime.
l. 12 ste Eulalie.
m.13 s. Lézin.
m.14 s. Valentin.
j. 15 s. Faustin.
v. 16 ste Julienne.
s. 17 s. Théodule.
D.18 Quinquagés.
l. 19 s. Gabin.
m.20 s. Eucher.
m.21 Les Cendres.
j. 22 ste Antigone.
v. 23 s. Mérault.
s. 24 s. Mathias.
D.25 Quadragés.
l. 26 s. Nestor.
m.27 ste Honorine.
m.28 s. Romain.

Epacte. . . . VI.
Lettre Dom. G.

MARS.

P. Q. le 2, à 0 h. m.
P. L. le 9, à 1 h. m.
D. Q. le 17, à 0 h. m.
N. L. le 24, à 2 h. s.
P. Q. le 31, à 6 h. m.

j. 1 s. Aubin.
v. 2 s. Simplice.
s. 3 ste Cunégonde
D. 4 Reminiscere.
l. 5 s. Adrien.
m. 6 ste Colette.
m. 7 ste Perpétue.
j. 8 s. Ponce.
v. 9 ste Françoise.
s. 10 ste Anastasie.
D.11 Oculi.
l. 12 s. Pol, év.
m.13 ste Euphrasie.
m.14 s. Lubin.
j. 15 s. Zacharie. 4T.
v. 16 s. Cyriaque.
s. 17 ste Gertrude.
D.18 Lætare.
l. 19 s. Joseph.
m.20 s. Joachim.
m.21 s. Benoit.
j. 22 s. Émile.
v. 23 s. Victorien.
s. 24 s. Simon.
D. 25 La Passion.
l. 26 s. Ludger.
m.27 s. Rupert.
m.28 s. Gontrand.
j. 29 s. Eustase.
v. 30 s. Rieul.
s. 31 ste Cornélie.

AVRIL.

P. L. le 7, à 3 h. s.
D. Q. le 15, à 7 h. s.
N. L. le 23, à 0 h. m.
P. Q. le 29, à 3 h. s.

D 1 Les Rameaux.
l. 2 s. Franç. de P.
m. 3 s. Richard.
m. 4 s. Ambroise.
j. 5 s. Zenon.
v. 6 Vendr. Saint.
s. 7 s. Hégésippe.
D. 8 PAQUES.
l. 9 ste Marie ég.
m.10 s. Fulbert.
m.11 s. Léon, pape.
j. 12 s. Jules.
v. 13 s. Marcellin.
s. 14 s. Tiburce.
D. 15 Quasimodo.
l. 16 s. Fructueux.
m.17 s. Anicet.
m.18 s. Parfait.
j. 19 s. Bernard.
v. 20 ste Hildegond.
s. 21 s. Anselme.
D. 22 ste Opportune.
l. 23 s. Georges.
m.24 ste Heuve.
m.25 s. Marc, abst.
j. 26 s. Clet.
v. 27 s. Polycarpe.
s. 28 s. Vital, m.
D. 29 s. Robert, ab.
l. 30 s. Eutrope.

MAI.

P. L. le 7, à 7 h. m.
D. Q. le 15, à 10 h. m.
N. L. le 23, à 7 h. m.
P. Q. le 28, à 11 h. s.

m. 1 s. Philippe.
m. 2 s. Athanase.
j. 3 Inv. ste Croix.
v. 4 ste Monique.
s. 5 Conv. s. Aug.
D. 6 s. Jean P. L.
l. 7 s. Stanislas.
m. 8 s. Désiré.
m. 9 s. Grégoire.
j. 10 s. Gordien.
v. 11 s. Mamert.
s. 12 ste Flavie.
D. 13 s. Servais.
l. 14 s. Pacôme Rog
m.15 s. Isidore.
m.16 s. Honoré.
j. 17 ASCENSION.
v. 18 s. Venan.
s. 19 s. Yves.
D. 20 s. Bernardin.
l. 21 s. Hospice.
m.22 ste Julie.
m.23 s. Didier, év.
j. 24 s. Donatien.
v. 25 s. Urbain.
s. 26 s. Quadrat.
D. 27 PENTECOTE.
l. 28 s. Germain.
m.29 s. Maximin.
m.30 ste Émilie.
j. 31 ste Pétronille.

JUIN.

P. L. le 5, à 10 h. s.
D. Q. le 13, à 10 h. s.
N. L. le 20 à 2 h. s.
P. Q. le 27, à 10 h. m.

v. 1 s. Pamphile.
s. 2 s. Pothin.
D. 3 La Trinité.
l. 4 s. Optat.
m. 5 s. Boniface.
m. 6 s. Claude.
j. 7 FÊTE-DIEU.
v. 8 s. Médard.
s. 9 ste Pélagie.
D. 10 s. Landry, v.j.
l. 11 s. Barnabé.
m.12 s. Basilide.
m.13 s. Ant. de Pad.
j. 14 Oct. Fête-Dieu.
v. 15 s. Modeste.
s. 16 s. Fargeau.
D. 17 s. Avit, abbé.
l. 18 ste Marthe.
m.19 s. Gerv. s. Prot.
m.20 s. Silvère.
j. 21 s. Leufroi, ab.
v. 22 s. Paulin.
s. 23 s. Félix, pr.
D. 24 s. Jean-Bapt.
l. 25 s. Prosper.
m.26 s. Babolein.
m.27 s. Ladislas.
j. 28 s. Irénée.
v. 29 s. Pierre et P.
s. 30 Comm. s. Paul.

JUILLET

P. L. le 5, à 1 h. s.
D. Q. le 13, à 7 h. m.
N. L. le 19, à 9 h. s.
P. Q. le 27, à 0 h. m.

D. 1 s. Martial.
l. 2 Visit. de la V.
m. 3 s. Anatole, év.
m. 4 Transl. s. Mart.
j. 5 ste Zoé, mart.
v. 6 s. Tranquillin.
s. 7 ste Aubierge.
D. 8 s. Procope.
l. 9 s. Ephrem.
m.10 ste Félicité.
m.11 Transl. s. Ben.
j. 12 s. Gualbert.
v. 13 s. Turiaf, év.
s. 14 s. Bonaventure
D. 15 s. Henri, emp.
l. 16 s. Eustale, év.
m.17 s. Spér et C.
m.18 s. Clair.
j. 19 s. Vinc. de P.
v. 20 ste Marguerite
s. 21 s. Victor, m.
D. 22 ste Magdeleine
l. 23 s. Appollinaire
m.24 ste Christin. C.
m.25 s. Jacq. maj.
j. 26 s. Christophe.
v. 27 s. Pantaléon.
s. 28 ste Anne.
D. 29 ste Marthe.
l. 30 s. Abdon, m.
m.31 s. Germ. Aux.

AOUT

P. L. le 4, à 4 h. m.
D. Q. le 11, à 1 h. s.
N. L. le 18, à 5 h. m.
P. Q. le 25, à 5 s.

m. 1 s. Pierre, ès-l
j. 2 s. Etienne.
v. 3 Inv. s. Etienne
s. 4 s. Dominique.
D. 5 s. Yon, mart.
l. 6 Transfig. N. S.
m. 7 s. Gaëtan.
m. 8 s. Justin, m.
j. 9 s. Spire.
v. 10 s. Laurent.
s. 11 Susc. ste Cour.
D.12 ste Claire.
l. 13 s. Hippolyte.
m.14 s. Eusèbe, v.j.
m.15 ASSOMPTION.
j. 16 s. Roch.
v. 17 s. Mammès.
s. 18 ste Hélène.
D.19 s. Louis, évêq.
l. 20 s. Bernard, ab.
m.21 s. Privat, év.
m.22 s. Symphorien
j. 23 s. Sidoine, év.
v. 24 s. Barthélemi.
s. 25 s. Louis, roi.
D.26 ste Justine, v.
l. 27 s. Césaire, év.
m.28 s. Augustin.
m.29 Décoll. s. J.-B.
j. 30 s. Fiacre.
v. 31 ste Isabelle.

SEPTEMBRE.

P. L. le 2, à 5 h. s.
D. Q. le 9, à 7 h. s.
N. L. le 16, à 4 h. s.
P. Q. le 24, à 11 h. m.

s. 1 s. Leu, s. Gilles.
D. 2 s. Lazare.
l. 3 s. Grégoire, p.
m. 4 ste Rosalie.
m. 5 s. Bertin, ab.
j. 6 s. Onésipe, év.
v. 7 s. Cloud, prêt.
s. 8 NAT. DE LA V.
D. 9 s. Omer, év.
l. 10 s. Géréon.
m.11 s. Patient, év.
m.12 s. Raphaël.
j. 13 s. Maurille.
v. 14 Exalt. ste Cr.
s. 15 s. Nicou.
D 16 ste Eugénie.
l. 17 s. Lambert.
m.18 s. Jean Chrys.
m.19 s. Janvier.
j. 20 s. Eustache. 4T
v. 21 s. Mathieu.
s. 22 s. Maurice.
D.23 ste Thècle, v.
l. 24 s. Audoche.
m.25 s. Cléophas, d.
m.26 ste Justine, v.
j. 27 s. Côme. s. Dam.
v. 28 s. Céran, év.
s. 29 s. Michel arch.
D.30 s. Jérôme.

OCTOBRE.

P. L. le 2, à 5 h. m.
D. Q. le 9, à 0 h. m.
N. L. le 16, à 5 h. m.
P. Q. le 24, à 7 h. m.
P. L. le 31, à 4 h. s.

l. 1 s. Rémi, év.
m. 2 ss. Anges gard.
m. 3 s. Cyprien.
j. 4 s. Franç. d'As.
v. 5 ste Aure, v.
s. 6 s. Bruno.
D. 7 s. Serge ets. B.
l. 8 ste Brigitte.
m. 9 s. Denis, év.
m.10 s. Géréon.
j. 11 s. Firmin, év.
v. 12 s. Vilfrid, év.
s. 13 s. Géraud, ce.
D.14 s. Caliste, pap.
l. 15 ste Thérèse.
m.16 s. Gal, abbé.
m.17 s. Cerbonet.
j. 18 s. Luc, évang.
v. 19 s. Savinien.
s. 20 s. Sendou, pr.
D.21 ste Ursule, v.
l. 22 s. Mellon.
m.23 s. Hilarion.
m.24 s. Magloire.
j. 25 s. Crépin, s. C.
v. 26 s. Rustique.
s. 27 s. Frumence.
D.28 s. Simon, s. Jud.
l. 29 s. Faron, év.
m.30 s. Lucain, m.
m.31 s. Quentin v.j.

NOVEMBRE.

D. Q. le 7, à 8 h. m.
N. L. le 14, à 9 h. s.
P. Q. le 23, à 2 h. m.
P. L. le 30, à 3 h. m.

j. 1 LA TOUSSAINT.
v. 2 Les Trépassés.
s. 3 s. Marcel, év.
D. 4 s. Charles Bor.
l. 5 ste Bertilde.
m. 6 s. Léonard.
m. 7 s. Willebrod.
j. 8 stes Reliques.
v. 9 s. Mathurin.
s. 10 s. Léon I, pape
D.11 s. Martin, év.
l. 12 s. René, év.
m.13 s. Brice, év.
m.14 s. Maclou.
j. 15 s. Eugène, m.
v. 16 s. Eucher, év.
s. 17 s. Agnan, év.
D.18 ste Aude, v.
l. 19 ste Elisabeth.
m.20 s. Edmond, r.
m.21 Prés. de la V.
j. 22 ste Cécile.
v. 23 s. Clément.
s. 24 ste Flore, v.
D.25 ste Catherine.
l. 26 s. Gen. des A.
m.27 s. Maxime.
m.28 s. Sosthène.
j. 29 s. Saturnin.
v. 30 s. André.

DÉCEMBRE

D. Q. le 6 à 7 h. s.
N. L. le 14, à 5 h. s.
P. Q. le 22, à 7 h. s.
P. L. le 29, à 2 h. s.

s. 1 s. Eloi, év.
D. 2 L'AVENT.
l. 3 s. Floque.
m. 4 ste Barbe.
m. 5 s. Sabas, abbé.
j. 6 s. Nicolas.
v. 7 ste Farc, v.
s. 8 CONCEPTION.
D. 9 ste Gorgonie.
l. 10 ste Valère, v.
m.11 s. Fuscien, m.
m.12 s. Damase.
j. 13 ste Luce, v. m.
v. 14 s. Nicaise.
s. 15 s. Mesmin.
D.16 ste Adélaïde.
l. 17 ste Olympiade.
m.18 s. Gatien.
m.19 s. Meuris.
j. 20 s. Philogon 4T
v. 21 s. Thomas, ap.
s. 22 s. Honorat.
D.23 ste Victoire.
l. 24 s. Delphin. v.j.
m.25 NOEL.
m.26 s. Etienne, m.
j. 27 s. Jean, ap. év.
v. 28 ss. Innocens.
s. 29 s. Thomas de C.
D.30 ste Colombe.
l. 31 s. Sylvestre.